INHALT

SUSANNE STÖCKLIN-MEIER

EINS, ZWEI, DREI RITSCHE RATSCHE, REI

Kinderspielverse
zum Lachen, Hüpfen und Tanzen
Illustrationen von Marlis Scharff-Kniemeyer

KÖSEL

Wir danken dem Speer-Verlag, Zürich, für die Abdruckgeneh-
migung des ins Hochdeutsche übertragenen Gedichts »Föif
Söili chömed z lauffe« – »Fünf Schweinchen kommen gelau-
fen«, Seite 25.
Dieses Gedicht ist erschienen in »Jupedihei. Neui Värsli« von
Sina Werling, Speer Verlag, Zürich, 5. Aufl. 1991
Dieses Buch erschien zuerst 1987 im Ravensburger Buchverlag
Otto Maier GmbH

Aktualisierte Neuausgabe
© 1999 by Kösel-Verlag GmbH & Co., München
Alle Rechte, auch die des auszugsweisen Nachdrucks,
der fotomechanischen Wiedergabe und der Übersetzung,
vorbehalten
Druck und Bindung: J.P. Himmer GmbH & Co. KG, Augsburg
Umschlagmotiv und Illustrationen: Marlis Scharff-Kniemeyer,
Frankfurt
Umschlaggestaltung: Elisabeth Petersen, München
ISBN 3-466-30489-X

1 2 3 4 5 · 03 02 01 00 99

Spurenbilder

Kritzelbilder

Ballspiele

Seilspringen

Trippel-Trappel-Verse für die Füße

VORWORT

Das goldene Zeitalter der Spielverse ist für Kinder das Alter zwischen drei und acht Jahren. Anfangs sind sie vom rhythmischen Singsang kleiner Reime fasziniert. Wenn diese zum Spielen, Bewegen, Lachen und Selbermachen animieren, dann lösen sie eine Art »freudigen Wiederholungstick« aus. Die Kinder spielen eine Zeit lang »ihren« Vers immer wieder, intensiv und ausdauernd. Das heißt, der Erwachsene hat dem Kind im richtigen Augenblick den richtigen Spielvers auf die richtige Weise angeboten. Diese erlebte Sprachfreude weckt im Kind das Bedürfnis, mit Sprache schöpferisch umzugehen. Sie fördert die Phantasie, die inneren Bilder und das Fabulieren mit Worten. Wiederholung macht stark, stolz und selbstbewusst. Die heutige Zeit braucht Kinder, die mit einem guten Selbstwertgefühl mutig in die Welt hineinwachsen.

Was passiert eigentlich beim Spielen von Versen? Die Kinder trainieren dabei unbewusst alle Sinne: Sie nehmen den Vers übers Ohr auf, suchen durch Blickkontakt die Bewegungen zu erfassen und verfeinern bei Berührungsspielen ihren Tastsinn. Kinder, die mit Erwachsenen Verse spielen, bauen sich eine Brücke vom Ich zum Du. Sie machen emotionale und soziale Erfahrungen.

Das Geheimnis einer guten Spracherziehung ist es, möglichst viele Reime, Lieder und Sprüche zu kennen und diese den Kindern im richtigen Moment anzubieten: wenn sich das Kind verletzt hat, wenn ein Vogel gezwitschert oder eine Schnecke über den Weg kriecht, wenn es regnet oder schneit. Dabei ist der Sinn dieser Wortspiele nicht, dass das Kind die Verse streng auswendig lernt und vorsagt. Sprachdrill ist für Vorschulkinder unsinnig. Es geht hier vielmehr um ein lustbetontes, spielerisches Nachahmen.

Ich habe in den letzten zwanzig Jahren Spielverse in der Schweiz, in Deutschland und Österreich gesammelt. Es hat mir viel Spaß gemacht, für dieses Buch das reichhaltige Material unter dem Aspekt der Spielbewegungen von Kopf bis Fuß einzuordnen.

Spielverse sind eigentlich auch eine Art Turnverse. Man kann seine Muskeln mit Spielen und Sprechen von Kopf bis Fuß durchbewegen. Denken wir nur an Blas-

und Pfeifspiele, Zungenkünste, Geräuschverse, Pantomime, Fingerverse, Malspiele, Kniereiter und Abzählreime. Gute Verse tragen immer einen Funken Humor in sich und lösen bei den Kindern Heiterkeit aus.

Gesten sind mit dem Sprachzentrum gekoppelt. Es besteht ein direkter Zusammenhang zwischen der feinmotorischen und sprachlichen Entwicklung. Fortschritte im Bewegungsverhalten des Kindes beeinflussen dessen Sprache und Intelligenz. Darum unterstützen Spielverse bei Kindern zwischen drei und sieben Jahren die Sprachentwicklung auf natürliche Weise. Neben den Fingerversen eignen sich Klatsch-, Patsch-, Hüpf- und Gehspiele besonders gut.

Kinder, die in den ersten Jahren eine gute Sprachförderung gekoppelt mit Bewegung erhalten, haben es später in der Schule leichter. Sie können ihre Gedanken besser formulieren, Gefühle und Wünsche äußern, Erlebnisse erzählen, Geschichten erfinden, soziale Kontakte knüpfen, Probleme aussprechen und Konflikte verbal lösen. Alles, was sich in Worte fassen lässt, wird klarer, verständlicher und fassbarer.

Ich wünsche allen kleinen und großen Leserinnen und Lesern viele frohe Spielstunden, gemütliches Beisammensein, eine große Portion Humor, Freude am Sprechen und geschickte Kribbel-Krabbel-Finger!

Diegten, im August 1998
Susanne Stöcklin-Meier

Läden zu,
Fenster zu,
Türe zu,
schließen.

BERÜHRUNGSSPIEL

①

Läden zu,
Die Ohren kurz nach vorn umklappen.

②

Fenster zu,
Mit beiden Zeigefingern die Augendeckel
schließen.

③

Türe zu,
Die Lippen sanft zusammendrücken.

④

schließen.
An der Nasenspitze drehen. Solange die »Tür«
abgeschlossen ist, dürfen die Lippen nicht geöff-
net werden. Zum Staunen der Kinder kann man
mit geschlossenen Lippen nicht sprechen, nur
grunzende Töne von sich geben!

Ein Knopf,
ein Knopf,
ein Hosenknopf,
der knallt!

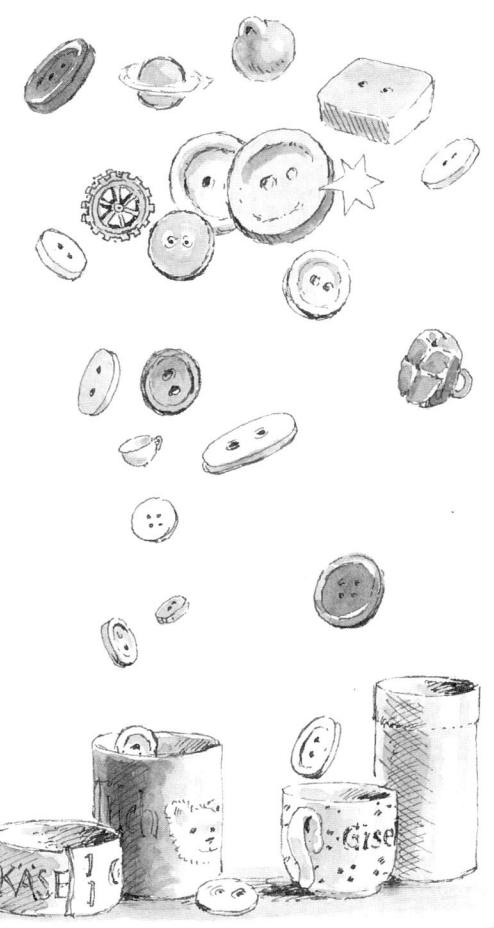

GERÄUSCHSPIEL

Wer kann beim Sprechen des Verses auf den
Silben »kno« und »kna« gleichzeitig noch
schnalzen?
Zuerst langsam üben, dann immer schneller
werden:

Ein Kno-pf, ein Kno-pf,
ein Hosenkno-pf,
der kna-llt!

KNOPFMUSIK

Wir lassen verschieden große Knöpfe in
Blechbüchsen, Pappschachteln, Zigar-
renkisten, Gläser oder Tassen fallen. Je
nach Gefäß und Knopfgröße entstehen
unterschiedliche Töne. Wann klingt es
hoch, tief, dumpf oder hell?

Rädchen, Rädchen, roll,
roll davon wie toll.

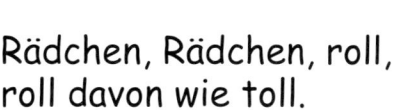

MALVERS

Wer hat Lust, Rädchen zu malen?
Beim Sprechen des Verses werden zum
Rhythmus Kreise gezeichnet.

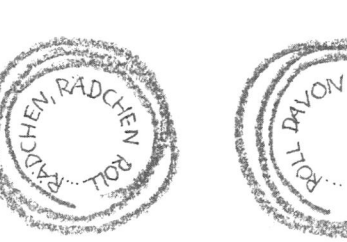

Mutter, Vater,
ich hab Hunger,
weißt du wo?
Di – da – do!

BERÜHRUNGSSPIEL

1 Mutter, Vater,

Mit dem Zeigefinger rechts und links die Ohrläppchen berühren.

2 ich hab Hunger,

Mit dem Zeigefinger beide Backen berühren.

3 weißt du wo?

Die Nasenspitze antippen.

4 Di – da – do!

Zeigefinger in den Mund stecken.

Ich wollt,
ich hätt
ein Butter-Brot,
ein Butter-Brot,
ein Butter-, Butter-, Butter-
Brot.

GERÄUSCHESPIEL

Dieser Vers wird mit Mundgeräuschen gespielt. Wir feuchten die Lippen an und fahren mit den Fingerspitzen einer Hand locker über die Unterlippe und sprechen dazu: »Ich wollt, ich hätt«.
Bei dem Wort »Butter« blasen wir die Wangen auf und lassen mit einem klei-

nen Schlag die Luft mit einem »Plopp« wieder entweichen.
Bei »Brot« fahren wir wieder mit den Fingern geräuschvoll über die Unterlippe. Langsam beginnen, Tempo steigern!

**Willst du einen Apfel haben?
Dort oben fliegt er!**

NECKSPIEL

Der eine bläst die Backen auf und wird gefragt: »Willst du einen Apfel haben?« Mit beiden Händen drückt nun der »Necker« seinem Spielpartner schwung-

voll die Luft aus den Wangen. Sie entweicht mit einem »Plopp!«
Der »Necker« zeigt zum Himmel und sagt: »Dort oben fliegt er!«

Jetzt üben wir uns in Zungenkünsten: Wer kann die längste Zunge machen? Wer erreicht mit der Zunge die Nasenspitze? Wer kann mit der Zunge dreimal rechts und dreimal linksherum, möglichst schnell, die Lippen abschlecken?

DACHRINNE

Wir versuchen, mit der Zunge eine Röhre zu formen. Wer kann es? Es gibt Erwachsene, die sich schwer tun!

ZUNGENFANGEN

Zungenfangen spielen wir zu zweit. Ein Kind drückt die Zunge in die Wange, so dass eine deutliche Ausbuchtung entsteht. Das andere Kind, der Zungenfänger, drückt mit dem Zeigefinger dagegen. Die Zunge schnellt auf die andere Seite, unter die Oberlippe und am Schluss unter die Unterlippe. Drückt der Fänger an diese Stelle, springt die Zunge

Wem gelingt der schnellste Zungenschlag? Wir öffnen die Lippen leicht und bewegen die Zunge rasend schnell an der Oberlippe hin und her oder vor und zurück. Dazu singen wir einen Ton. Wer versucht, sich in der Zungenschlag-Sprache zu verständigen?

heraus. Durch einen Zug am Hals verschwindet sie wieder im Mund. Die Rollen werden getauscht, das Spiel beginnt von vorn.
Könner dehnen das Spiel aus, indem sie die Zunge längere Zeit in den Wangen und auf der Oberlippe hin- und herbewegen. Anfänger wollen die Zunge immer sofort herausspringen lassen ...

Schneider schnall schnell
die schönen Schnallen an die Schuhe.

ZUNGENAUTOMAT

1

Mit einem leichten Klaps auf den Hinterkopf wird der Zungenautomat in Betrieb genommen: die Zunge springt heraus.

2

Ziehen wir am linken Ohrläppchen, schnellt die Zunge in den linken Mundwinkel.

3

Ziehen wir am rechten Ohrläppchen, schnellt die Zunge in den rechten Mundwinkel.

4

Drücken wir mit dem Finger die Nasenspitze hoch, geht auch die Zungenspitze in die Höhe.

5

Ziehen wir am Hals, stellt der Automat seinen Betrieb wieder ein – die Zunge verschwindet im Mund.

6

Wer erfindet weitere Automatentricks?

WETTRENNEN DER PAPIERMÄNNCHEN

Zwei oder mehrere Spieler stellen ihre Männchen vor sich auf den Tisch. Es sollte ein Tisch mit glatter Oberfläche sein. Auf ein Startzeichen blasen alle um die Wette ihre Männchen zur anderen Tischkante. Es sieht lustig aus, wenn diese, wie von Geisterhand geführt, über den Tisch flitzen. Männchen, die umfallen oder mit der Hand berührt werden, scheiden aus.

Schwieriger wird es, wenn die Männchen durch Tunnels oder um Hindernisse geblasen werden.

WATTEBLASEN

Ein runder Tisch mit glatter Oberfläche eignet sich am besten für das Watteblasen. Alle Kinder sitzen um den Tisch, mindestens drei bis sechs sollten es sein. In der Mitte des Tisches liegt eine Wattekugel. Auf »los« beginnen die Kinder kräftig zu blasen. Jeder versucht das Wattewölk-chen von sich weg zu einem anderen Mitspieler zu blasen.

Wer von der Watte berührt wird oder bei wem sie zu Boden fällt, der muss ein Pfand geben oder ausschneiden.

Fällt die Watte zwischen zwei Kindern zu Boden, müssen beide ein Pfand geben.

Bunte, große Seifenblasen
gleiten durch das Sonnenlicht.
Schweben glitzernd in die Höh'n,
schillern bunt und wunderschön.

SPIEL MIT SEIFENBLASEN

An schönen, warmen Sommertagen lassen
wir im Freien Seifenblasen steigen. Das Seifenblasenwasser kann man auch selbst her-
stellen.

Doch bevor kleine Kinder versuchen, mit
einem Strohhalm oder Trinkröhrchen Seifenblasen in die Luft zu zaubern, sollten sie das
Blasen üben. Sie bekommen ein Gefäß mit
dem »Wunderwasser«. Wenn sie nun mit
einem Röhrchen in das Wasser blasen,
entstehen wundervolle Schaumberge.

Rezept für Seifenblasenwasser:
4 Eßlöffel Glyzerin
4 Eßlöffel Schmierseife oder Seifenpulver
1/4 Liter Wasser

Alles gut mischen!

15

Die Nadel
sagt zum Luftballon:
»Du bist rund,
und ich bin spitz!
Jetzt machen wir beide einen Witz.
Ich weiß ein lustig Schnätteretäng,
ich mache pick,
und du machst päng ...«

PANTOMIMESPIEL

Ich habe zwei Hände und zehn Finger, damit forme ich einen Luftballon. Ich blase ihn auf:
immer größer, immer größer!
Ich lasse ihn steigen:
immer höher, immer höher ...
bis er platzt!

Während der Text gesprochen wird, spielen die Kinder pantomimisch dazu: Die Hände und Finger werden gezeigt, dann formt man mit den Händen einen Luft-

ballon. Jetzt wird der Luftballon noch mehr aufgeblasen und die Hände zeigen, wie die Form »immer größer, immer größer« wird.
Und so lassen die Kinder den Luftballon steigen: Sie kauern zuerst auf dem Boden, dann strecken sie sich in die Höhe, »immer höher, immer höher« geht es, bis sie auf den Zehenspitzen stehen. Dabei halten sie den großen Luftballon fest – bis dieser platzt. Das wird mit einem Händeklatschen ausgedrückt.

IN DER AUTOWERKSTATT

Unser Auto braucht einen Radwechsel. Vier Kinder spielen die Autoreifen. Sie kauern am Boden. Vier Mechaniker »schrauben« pantomimisch diese Reifen an das Auto. Dann pumpen sie gleichmäßig und geräuschvoll Luft in die Reifen. Dabei werden alle vier Autoreifen größer und größer. Am Schluss platzen sie mit einem großen Knall: Die vier »Autoreifen« klatschen laut in die Hände und lassen zischend die Luft entweichen, bis sie schief und platt am Boden liegen ... Das Spiel beginnt von vorn, neue Reifen müssen montiert werden.

Der Spielleiter erzählt dazu die Geschichte »Vom Auto, das neue Reifen haben muss«.

Der Verlauf der Geschichte wird jeweils frei erfunden und von den Mitspielern spontan im Pantomimespiel umgesetzt.

Kannst du pfeifen,
wie der Herr von Neufen,
mit dem steifen Hut?

Kannst du pfeifen
und dreimal sagen:
Löffelchen, Löffelchen, Löffelchen,
Pantöffelchen, Pantöffelchen,
Pantöffelchen?

PFEIFSPIEL

Pfeifen ist eine Kunst. Wer versucht, in den Versen jedes F durch einen Pfiff zu ersetzen? Lachen ist verboten, sonst funktioniert das Pfeifen nicht!

18

Wippele, wippele, Zupf – Zupf – Näschen!

NECKSPIEL

So alt dieses Neckspiel ist, es fasziniert Kleinkinder immer wieder.

Wir zupfen das Kind an seinem Näschen und fragen es: »Wo hast du deine Nase?« Dann wird die Hand zur Faust geschlossen und der Daumen zwischen Zeigefinger und Mittelfinger geschoben. Das Kind meint nun, das sei seine Nase, die wirklich weg ist.

Dieses Spiel kann man oft wiederholen. Das Kind hat großen Spaß dabei, auch wenn es den Trick längst durchschaut.

NASEKNACKEN

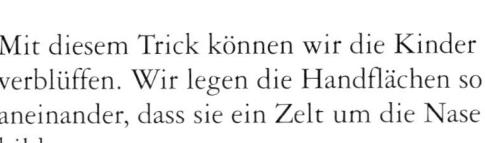

Mit diesem Trick können wir die Kinder verblüffen. Wir legen die Handflächen so aneinander, dass sie ein Zelt um die Nase bilden.

Wir bewegen die Hände ruckartig hin und her, so dass es aussieht, als ob wir die Nase brechen würden. Zum Schreck der Zuschauer hört man das Knacken des Nasenbeins laut und deutlich. Dieser Ton entsteht durch den Fingernagel des Daumens, der an der Kante der oberen Schneidezähne zupft.

Der Trick wird natürlich nicht verraten! Der Daumen löst, für die anderen unsichtbar, dieses Knacken aus. Am besten vor dem Spiegel üben!

Unser Linchen
hat fünf Kaninchen.
Das erste ist weiß wie Schnee,
das zweite sucht Gras und Klee,
das dritte hat ein Glöckchen um,
das vierte springt im Feld herum,
das fünfte ist noch gar nicht groß,
das sitzt dem Linchen auf dem Schoß.

FINGERSPIEL

Unser Linchen
Daumen hochstrecken.

hat fünf Kaninchen
Mit den Fingern der anderen Hand zappeln.

Das erste ist weiß wie Schnee,
Den Daumen der einen Hand sanft mit zwei
Fingern der anderen Hand drücken.

das zweite sucht Gras und Klee,
Zeigefinger sanft drücken.

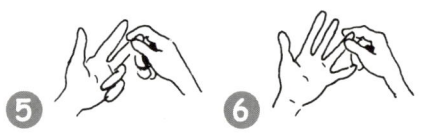

das dritte hat ein Glöckchen um,
Mittelfinger sanft drücken.

das vierte springt im Feld herum,
Ringfinger drücken.

das fünfte ist noch gar nicht groß,
Kleinen Finger strecken.

das sitzt bei Linchen auf dem Schoß.
Kleiner Finger legt sich in die Daumenmulde
vor Linchen hin. Mit dem Daumen wird dieser
kleine Finger gestreichelt.

Mäuschen, Mäuschen, koche Brei,
gib ein Stückchen Zucker bei.
Gib dem ein bisschen, gib dem ein bisschen,
gib dem ein bisschen, gib dem ein bisschen,
und für den Kleinen
hat's nicht mehr gereicht.
Da musste er weinen und weinen ...
und hat sich schnell verkrochen.

FINGERSPIEL

Mäuschen, Mäuschen, koche Brei,
Mit dem Zeigefinger in der Handfläche rühren.

gib ein Stückchen Zucker bei.
Mit dem Zeigefinger in die Handfläche klopfen.

Gib dem ein bisschen ...
Die Finger der einen Hand spreizen und mit
dem Zeigefinger und dem Daumen der anderen
Hand antippen. Beim Daumen beginnen.

und für den Kleinen hat's nicht mehr gereicht.
Den kleinen Finger antippen.

Da musste er weinen und weinen ...
Das Weinen des Kleinen in
allen Tonhöhen nachahmen,
mal hoch, mal tief.

und hat sich schnell verkrochen.
Der kleine Finger verkriecht sich in der Achsel-
höhle oder in der Kniekehle oder unter dem
Kragen usw.

Im zweiten Durchgang des Spiels beginnen wir
beim kleinen Finger. Diesmal muss der Daumen weinen. Das dritte und vierte Mal wird an
der anderen Hand gespielt.

Alle meine Fingerlein,
sollen einmal Tierlein sein.
Dieser Daumen, dick und rund,
ist der große Schäferhund.
Zeigefinger – stolzes Pferd,
von dem Reiter wohl geehrt.
Mittelfinger – bunte Kuh,
die macht immer muh, muh, muh.
Ringfinger ist der Ziegenbock
mit dem langen Zottelrock.
Und das kleine Fingerlein
soll einmal ein Schäfchen sein.

FINGERSPIEL

Zu Beginn die Finger der ganzen Hand zeigen.
Dann der Reihe nach jeden Finger mit Zeigefinger und Daumen der anderen Hand sanft drücken. So werden alle Tiere vorgestellt.

Alle Tierlein laufen hopp, hopp,
laufen im Galopp, Galopp,
laufen in den Stall hinein,
denn es wird bald Abend sein.
Alle Tierlein schlafen ein,
träumen von dem Sonnenschein.
»Kikeriki! Kikeriki!«
Alle Tierlein wachen auf
und beginnen ihren Lauf:
Trip – trip – trap und
trip – trip – trap.

BEWEGUNGSSPIEL

Im Sitzen mit den Fingern über die Oberschenkel laufen, und auf »laufen in den Stall hinein« die Hände hinter dem Rücken oder unter dem Pullover verstecken. Auf »Kikeriki!« werden alle »Tierlein« wieder wach. Die Finger laufen hin und her usw.

FINGERSPIEL

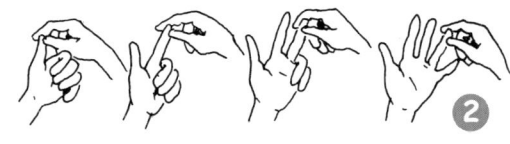

**Fünf Schweinchen kommen gelaufen,
der Bauer will sie verkaufen:**

Die fünf Finger laufen als Schweinchen über den waagrecht gehaltenen Arm.

**das Schnüffelnäschen,
das Wackelöhrchen,
das Kugelränzchen,
das Ringelschwänzchen.**

Der Reihe nach die Fingerspitzen der einen Hand mit dem Zeigefinger und Daumen der anderen Hand antippen. Beim Daumen beginnen.

**Da ruft das kleine Wackelbein:
»Kommt, wir gehen alle heim!«**

Stimme des Wackelbeins nachahmen. Alle fünf Finger laufen grunzend über den waagrecht gehaltenen Arm wieder zurück.

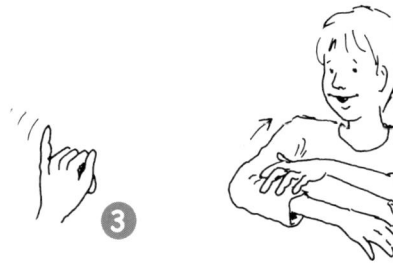

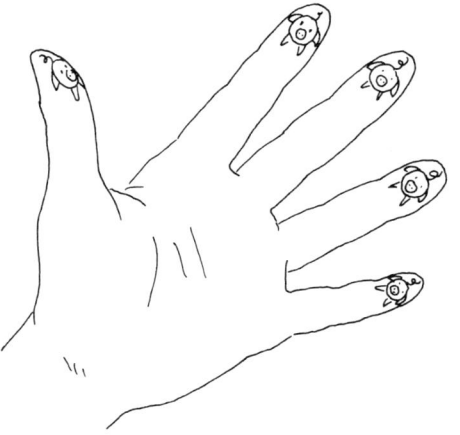

VARIANTE

Das Fingerspiel ist besonders lustig, wenn wir auf jede Fingerspitze ein Schweinchen malen.

Fünf Schweinchen kommen gelaufen,
der Bauer will sie verkaufen:
das Schnüffelnäschen,
das Wackelöhrchen,
das Kugelränzchen,
das Ringelschwänzchen.
Da ruft das kleine Wackelbein:
»Kommt, wir gehen alle heim!«

Schneide, schneide Speck,
schneide, schneide weg.

Äpfel, Birnen ess ich gern,
lieber noch als Mandelkern.
Anni bringt sie mit,
wenn ich sie schön bitt.

FINGERSPIEL

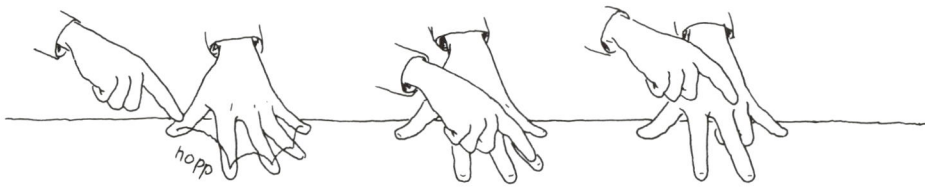

hopp

Beide Verse haben die gleiche Spielregel.
Die Finger einer Hand werden gespreizt,
die Hand auf den Tisch gestellt.
Mit dem Zeigefinger der anderen Hand
tippt man der Reihe nach jeden Finger
an. Dazu wird der Vers gesprochen.

Der Finger, der zuletzt angetippt wird,
muss zurückgezogen werden.
Das Spiel wird so lange fortgesetzt, bis
nur noch ein Finger übrig bleibt.
Mit diesem Finger wird das Spiel an der
anderen Hand wiederholt.

Eins, zwei, drei,
ritsche, ratsche, rei.
Ritsche, ratsche, Pfefferkorn,
der Müller hat sein' Frau verlor'n.
Er hat sie nicht gefunden,
ich glaub, sie ist verschwunden.

FINGERSPIEL

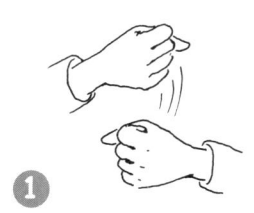

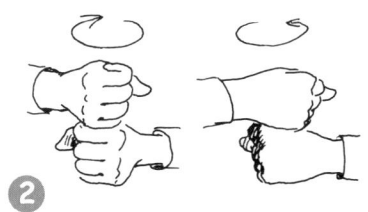

1. Eins, zwei, drei,
ritsche, ratsche, rei.

Fäuste zum Vers rhythmisch
aufeinander klopfen.

Ritsche, ratsche, Pfefferkorn,
der Müller hat sein' Frau verlor'n.

Fäuste wie eine Pfeffermühle hin
und her drehen.

Er hat sie nicht gefunden,
ich glaub, sie ist ver-
schwunden.

Auf die Hand blasen und
schauen, wie sie wegfliegt.

BEWEGUNGSSPIEL

Da oben auf dem Berge,
eins, zwei, drei,

Mit den Händen über dem Kopf eine Berg-
spitze andeuten.
Mit großer Bewegung der rechten Hand wird
anhand der Finger durchgezählt: der Reihe
nach den Daumen, Zeigefinger und Mittelfinger vorstrecken!

da tanzen kleine Zwerge,
eins, zwei, drei,

Die Finger beider Hände tanzen auf dem
Kopf. Jetzt wird mit der linken Hand gezählt.

da unten auf der Wiese,
eins, zwei, drei,

Mit den Händen die Füße berühren.
Mit dem rechten Fuß bei jeder Zahl
stampfen.

da sitzt ein großer Riese,
eins, zwei, drei,

Alle plustern sich so groß wie möglich als
Riese auf. Mit dem linken Fuß bei jeder Zahl
stampfen.

VARIANTE

Wir spielen den Vers noch einmal, aber
ohne zu sprechen. Nur die Zahlen »eins,
zwei, drei« brüllen alle so laut, wie sie
nur können.

Da oben auf dem Berge,
eins, zwei, drei,
da tanzen kleine Zwerge,
eins, zwei, drei,

da unten auf der Wiese,
eins, zwei, drei,
da sitzt ein großer Riese,
eins, zwei, drei.

Säge, säge Holz entzwei,
kleine Stücke, große Stücke,
schni, schna, schni, schna,
schnuck!

BEWEGUNGSSPIEL

Zwei Kinder fassen sich an den Händen,
wobei sie die Arme überkreuzen und im
Takt hin und her ziehen. Bei »schnuck«
ist der Ast »durchgesägt«, sie lassen die
Hände ruckartig los.

Klopfe, klopfe Hämmerchen,
die Treppe rauf ins Kämmerchen,
die Treppe rauf ins Taubenhaus,
da fliegen alle Täubchen aus!

KREISSPIEL

Ein Kind tritt mit einem Stock in der
Hand in den Kreis, den die übrigen Kinder bilden, als Tauben auf Stühlchen sitzend, und spricht rhythmisch den Vers. Es
klopft dazu mit dem Stock auf den Boden,
auf das letzte Verswort »fliegen alle Tauben aus« suchen alle neue Plätze. Auch
das Kind mit dem Stock besetzt einen
Platz. Wer übrig bleibt, beginnt das Spiel
von vorn. Es ist immer ein Stuhl weniger
vorhanden, als Kinder mitspielen.

BEWEGUNGSSPIEL

1

Klo – pfe, klo – pfe, Häm – mer – chen,

Wir ahmen das Geräusch des Hammers nach, indem wir die Fäuste abwechselnd übereinander klopfen, unten beginnend, rhythmisch sprechen.

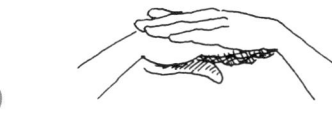

2

die Trep – pe rauf ins Käm – mer – chen,

Unser Handgeräusch klingt beinahe wie Schritte auf der Treppe: Hände waagrecht übereinanderhalten und im Wechsel auf den Handrücken klopfen.

3

die Trep – pe rauf ins Tau – ben – haus,

Zeigefinger abwechselnd übereinander legen. Wir steigen so hoch hinauf, wie es geht.

4

da fliegen alle Täubchen aus!

Mit den ausgestreckten Armen lassen wir die Tauben davonflattern.

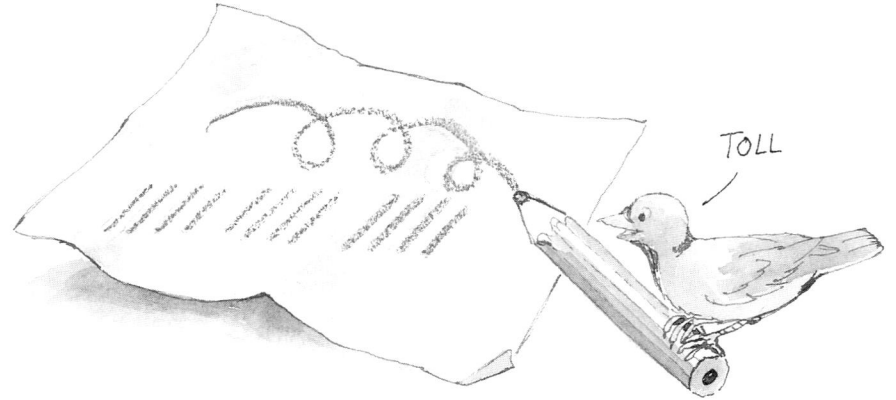

MALSPIEL

Der Vers lässt sich wunderschön zeichnerisch mit einem dicken Stift auf Papier bannen. Es wird rhythmisch gesprochen und gleichzeitig »geschrieben«!

Gretel, Pastetel,
was machen die Gäns?
Sie sitzen im Wasser
und waschen die Schwänz.

Gre - tel, pas - te - tel, was ma - chen die Gäns? Sie

sit - zen im Was - ser und wa - schen die Schwänz.

SINGSPIEL

Zuerst basteln sich die kleinen Gänse
einen Papier-Federwisch. Das geht so:
Zeitungspapier wird gefaltet und in
Streifen geschnitten. Dabei die Bruch-
kante nicht durchschneiden, sondern
nur bis zum weißen Rand einschneiden.
Die Papierstreifen mit Klebeband an
Klorollen befestigen.
Jetzt kann der Gänsereigen beginnen:
Die Kinder halten in jeder Hand einen
Papierwedel. Sie gehen in der Hocke
hintereinander im Gänsemarsch und
singen das Lied. Dabei schütteln sie
geräuschvoll ihr Gefieder, den Papier-
Federwisch, als Flügel oder Schwänz-
chen.

Es sitzt ein Frosch im Kämmerchen,
er schlägt mit seinem Hämmerchen.
Hopp, hopp, hopp,
du dicker Frosch.

Es sitzt ein Frosch im Käm – mer – chen, er schlägt mit sei – nem
Häm – mer –chen, hopp, hopp, hopp, du di – cker Frosch.

KREISSPIEL

Alle Kinder stehen im Kreis. Ein Kind sitzt als Frosch in der Mitte. Mit einem Spielzeughammer schlägt der Frosch im Takt des Liedes auf den Boden.
Auf »hopp, hopp, hopp« hüpft der Frosch mit großen Sprüngen zu einem anderen Kind und klopft ihm bei »du dicker Frosch« dreimal vor die Füße.

VARIANTE

Diesmal steht ein Stuhl in der Kreismitte, der Frosch kauert davor und klopft im Takt mit beiden Zeigefingern auf die Sitzfläche. Am Schluss hüpft er in Froschsprüngen davon, und ein anderes Kind, es ist ebenfalls ein Frosch, versucht, ihn zu fangen. Dann werden die Rollen getauscht.

Kuckuck, wo bist du?
Im Walde!
Was hast du?
Ein Ei!
Gib mir's!
Du brauchst's nicht!
Kuckuck, Eierschluck!
Schluss
Ja, da hast du's!
Danke, lieber Kuckuck!

Ku - ckuck wo bist du? Im Wal – de! Was hast du? Ein Ei – !

Gib mir's! Du brauchst's nicht! Ku - ckuck, Ei – er – schluck!

KREISSPIEL

Die Kinder sitzen im Kreis. Der Kuckuck fliegt davon und versteckt sich. Die Kreiskinder rufen ihn und singen ihre Fragen in der Rufterz. Der Kuckuck antwortet auch singend. Wenn der Kuckuck sein Ei nicht bringt, wird er ausgeschimpft mit: »Kuckuck, Eierschluck«! Und das Spiel beginnt wieder von vorn.

Der Kuckuck darf selbst bestimmen, wann er sein Ei bringt. Spätestens beim dritten Mal aber muss er das Ei einem Kreiskind in die Hände legen – pantomimisch. Jetzt ist dieses Kind der Kuckuck, der sich versteckt und von den anderen gerufen wird.

Zwi, zwa, zwott,
die Schwalben fliegen fort.
Sie fliegen bis nach Afrika,
im Frühling sind sie wieder da.
Zwi, zwa, zwott,
die Schwalben fliegen fort.

BEWEGUNGSSPIEL

Zuerst basteln wir uns Schwalben.
Sie werden im Faltschnitt aus dicke-
rem Papier ausgeschnitten. (Siehe
Abbildung.) Die Papierschwalben
stecken wir über den Zeigefinger einer
Hand, schon fliegen sie los: »Zwi, zwa,
zwott, die Schwalben fliegen fort!«
Welche Schwalbe fängt die meisten
Mücken?
Welche fliegt übers Meer nach Afrika
und wieder zurück?

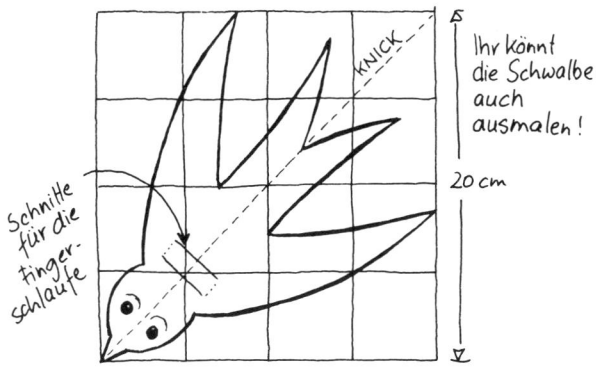

KNICK

Ihr könnt
die Schwalbe
auch
ausmalen!

20 cm

Schnitte
für die
finger-
schlaufe

BEWEGUNGSSPIEL

Dieses Bewegungsspiel wird sitzend
ausgeführt. Es wirkt sehr beruhigend.

①

Es fliegt ein Vogel ganz allein,
Mit einer Hand einen großen Kreis »fliegen«.

②

schau, jetzt fliegen zwei!
Mit beiden Händen einen großen Kreis in
derselben Richtung »fliegen«.

③

Sie fliegen hoch, sie fliegen nieder,
Mit den Händen in die Höhe und in die
Tiefe »fliegen«.

④

sie fliegen fort und kommen wieder.
Hände waagrecht von sich weg und wieder
zurückbewegen.

⑤

Sie picken Körner, eins, zwei, drei.
Mit beiden Zeigefingern auf die Schenkel klopfen.

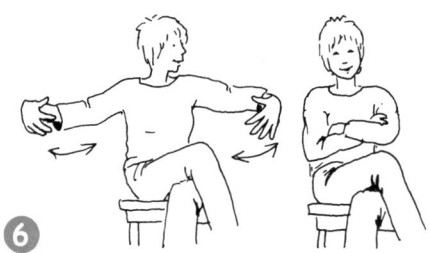

⑥

Sie fliegen fort und kommen heim.
Arme ausbreiten und zum Schluss verschränken.

Es fliegt ein Vogel ganz allein,
schau, jetzt fliegen zwei!
Sie fliegen hoch, sie fliegen nieder,
sie fliegen fort und kommen wieder.
Sie picken Körner, eins, zwei, drei.
Sie fliegen fort und kommen heim.

Ich bin die kleine Hexe
und habe rote Schuh.
Ich reit auf meinem Besen
und sing ein Lied dazu.

Ich bin die klei-ne He - xe und ha - be ro - te Schuh.

Ich reit - auf mei nem Be - sen und sing ein Lied da - zu.

KREISSPIEL

Die Kinder sitzen im Kreis, die kleine Hexe steht in der Mitte. Sie reitet auf einem Besen und trägt rote Schuhe. Sie reitet im Kreis herum, und alle singen den Vers, der zur Melodie »Aus grauer Städte Mauern« passt.

Dann singt die Hexe allein ein Lied ihrer Wahl. Anschließend verbeugt sie sich vor einem Kind, schlüpft aus den roten Schuhen und übergibt dem Kind Kopftuch und Besen. Nach diesem Rollenwechsel beginnt das Spiel von vorne.

Alte Hex von Binsen,
koch mir gute Linsen,
aber nicht zu dicke,
dass ich nicht ersticke!

Eins, zwei, drei, vier,
fünf und sechs,
hinaus, hinaus,
du kleine Hex.

Drei, sechs, neun,
Mädchen in der Scheun,
Mädchen in dem Ring,
alte Hexe spring.

Brix, brax, brex,
spring, kleine Hex.

Wumbalada, wumbalada,
wumbalada wiste,
Hexamine, Examine,
ulla abalaba mine,
pi pele oktenta,
po, no, tektenta.

Ein langer Weg,
ein breiter Steg,
ein tiefer Bach,
ein hoher Baum,
ein großer See,
man sieht nichts
mehr.

MORGENTURNEN

Ein langer Weg,
Arme nach vorn strecken.

ein breiter Steg,
Arme ausbreiten.

ein tiefer Bach,
Mit den Händen den Boden berühren, ohne
die Knie zu beugen.

ein hoher Baum,
Arme in die Höhe strecken.

ein großer See,
Arme ausbreiten.

man sieht nichts mehr.
Hände hinter dem Rücken verstecken.

Wir strecken uns genüsslich mit diesem
Morgenturnvers. Wenn wir diese Übung
drei- oder viermal durchgespielt haben,
ist auch die letzte Schlafmütze wach.

Hopp, hopp, Reiterlein,
reite über Stock und Stein,
reite, reite, reite
lustig und ins Weite!
Hopp, hopp, durch Feld und Hain,
in die weite Welt hinein,
bis du kommst zur großen Stadt,
die so viele Fenster hat,
Fenster und auch Leute,
dumme und gescheite.

Gi – gampf,
Rösslein stampf,
goldener Ring,
Rösslein spring!

KNIEREITER

Was gibt es Schöneres, als auf Vaters Knien durch die Welt zu galoppieren?

Kinder, lasst auch eure Bären und Puppen auf den Knien reiten!

Wir fahren nach Jerusalem,
und wer fährt mit?
Die Katze mit dem goldnen Schwanz,
und die muss mit!
Die Katze mit dem goldnen Schwanz,
und die steigt aus!

Teil 1

Wir fah – ren nach Je – ru – sa –lem, und wer fährt mit? Die

Kat – ze mit dem gold–nen Schwanz, und die muss mit.

Teil 2

Die Kat – ze mit dem gold–nen Schwanz, und die steigt aus!

BEWEGUNGSSPIEL

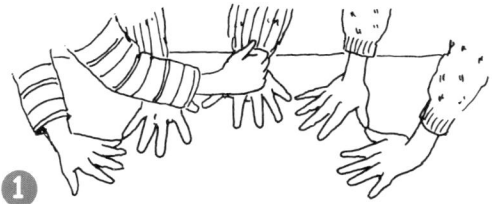

1 Alle Kinder legen die Hände flach auf den Tisch. Ein Kind klopft reihum mit seiner Faust auf die Handrücken und singt den ersten Teil des Liedes.

2 Beim letzten Wort »fährt mit!« bleibt die Faust stehen. Die darunter liegende Hand wird zur Faust geschlossen und schiebt den Daumen in die darüber liegende Faust.

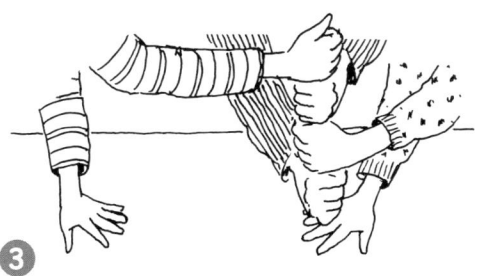

3 Nun kreisen beide Fäuste weiter. So wird nach und nach der »goldene Schwanz« größer. Es wird so lange gespielt, bis alle Fäuste übereinander stehen.

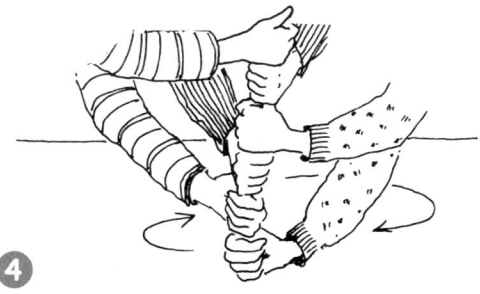

4 Zum Schluss singen alle die letzte Strophe, und der »goldene Schwanz« macht über der Tischplatte eine kreisende Bewegung. Bei den Worten »steigt aus!« fällt er um.

BEWEGUNGSSPIEL

Drei Kinder bilden im Stehen einen Faustturm. Mit diesem »Löffelstiel« rühren sie im Kreis herum und sagen »Lirum, larum, Löffelstiel«. Achtung: Der Löffelstiel muss natürlich senkrecht bleiben. Bei den Worten »wer das nicht kann, der kann nicht viel«, wird der Faustturm rhythmisch auf und nieder gestoßen.

Lirum, larum, Löffelstiel,
wer das nicht kann,
der kann nicht viel.

Ich kenn ein kleines Kasperhaus,
der Kasper schaut zum Fenster raus.
Da kommt der schlimme Maxi her
und ärgert meinen Kasper sehr.
Der Kasper aber macht bumm, bumm,
da fällt der schlimme Maxi um.
Da kommt das große Krokodil,
das meinen Kasper fressen will.
Der Kasper macht sich einen Spaß,
versteckt sich in ein leeres Fass.
Das Krokodil schaut hin, schaut her
und findet keinen Kasper mehr.
Da geht er fort und geht nach Haus.
Der Kasper lacht es tüchtig aus:
»Wer mich ärgern will, der merke sich,
der Stärkere bin immer ich!«

44

HANDSPIEL

1 Ich kenn ein kleines Kasperhaus,

Mit den Händen ein Haus bilden.

2 der Kasper schaut zum Fenster raus.

Daumen als Kasper leicht bewegen.

3 Da kommt der schlimme Maxi her
und ärgert meinen Kasper sehr.

Den anderen Daumen aus der Faust strecken
und den Kasper ärgern.

4 Der Kasper aber macht bumm, bumm,
da fällt der schlimme Maxi um.

Kasper schlägt zurück, Maxi liegt flach.

5 Da kommt das große Krokodil,
das meinen Kasper fressen will.

Mit der Hand nach Kasper schnappen.

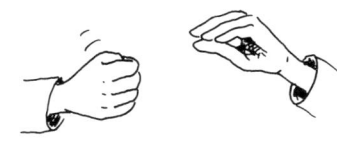

6 Der Kasper macht sich einen Spaß,
versteckt sich in ein leeres Fass.

Der Daumen verschwindet in der Faust.

7 Das Krokodil schaut hin, schaut her
und findet keinen Kasper mehr.
Da geht es fort und geht nach Haus.

Krokodil-Hand sucht nach Kasper und verschwindet hinter dem Rücken.

8 Der Kasper lacht es tüchtig aus:
»Wer mich ärgern will, der merke sich,
der Stärkere bin immer ich!«

Der Daumen kommt wieder aus der Faust her-
vor und beendet als Kasper den Vers.

Enne, denne,
dubbel, denne,
dubbel, denne,
dalia.
Ebbe, bebbe,
bambio,
bio, bio,
buff.

Ene, mene, ming,
wing, wang, ting, tang,
ene, mene, ming, mang,
eia, weia, weg.

ABZÄHLVERS FÜR FÄUSTE

Die Kinder stehen im Kreis und strecken beide Fäuste in die Mitte. Die Spielleiterin sagt den Abzählvers auf und klopft dabei mit ihrer Faust reihum im Versrhythmus auf alle anderen Fäuste. Die Faust, die bei dem Wort »knoll« berührt wird, scheidet aus, wird also zurückgezogen. Der Abzählvers wird so lange fortgesetzt, bis nur noch eine Faust übrig bleibt. Das ist der Sieger.

Ellerle, sellerle,
sigerle, sa,
ribede, rabede,
knoll.

Henriette,
gold'ne Kette.
gold'ner Schuh,
raus bist du!

Ene, mene, Mopel.
wer isst Popel?
Süß und saftig,
eine Mark und achtzig,
eine Mark und zehn,
und du kannst gehn.

Lirum, larum, Zwiebelkuchen,
Karin muss den Peter suchen.
Eierkuchen, Tintenfleck,
1, 2, 3 und du bist weg!

Ix, ax, ux,
der rote Fuchs,
die graue Maus,
und du bist raus!

FADENSPIEL

Wer möchte mit der Hand das Fadengespenst spielen? Der Faden wird mit Daumen und Zeigefinger festgehalten. Mit dieser Hand wird nun der Faden »aufgefressen«, dabei ziehen die Finger den Faden in die Handinnenfläche. Die Gespensterhand verwandelt nun den verschlungenen Faden in einen Ball. Das Fadengespenst brummt dabei beschwörend seinen Zauberspruch:

Bällchen, Bällchen roll,
hüpf davon wie toll.

Ist das Wollknäuel auf den Boden gehüpft, wird der Faden aufgeschüttelt, und das Gespensterspiel mit Hand und Faden beginnt wieder von vorn.

Die Hand kann man auch mit Gespensteraugen bemalen

Bällchen, Bällchen roll, hüpf davon wie toll.

Bällchen, Bällchen roll,
Die geknäuelte Wolle wird zwischen beiden Handflächen tüchtig gerollt.

hüpf davon wie toll.
Auf »toll« schlägt man von unten gegen die ausgestreckte Hand, in der das Fadenknäuel liegt. Das Bällchen hüpft weg.

48

Weben, weben, auf und nieder,
weben, weben, immer wieder,
weben, weben, ohne Ende,
bis entstehen Teppichhände.

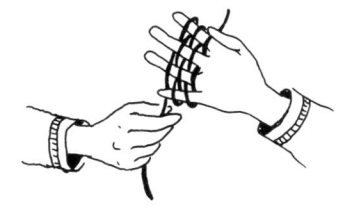

FADENSPIEL

Während der Vers gesprochen wird, weben die Kinder ihren »Fingerteppich«:
Die Finger der einen Hand sind die
»Kettfäden«. Mit der anderen Hand
wird der Wollfaden eingewebt, auf und
ab.

Der Faden läuft so lange hin und her, bis
der Vers zu Ende ist.
Zieht man am Fadenende, löst sich der
Teppich rasch wieder auf, und das Spiel
beginnt von neuem.

Das Mäuschen piepst: »Ich schau aus dem Loch!«
Die Katze miaut: »Ich fang dich doch!«

FADENSPIEL

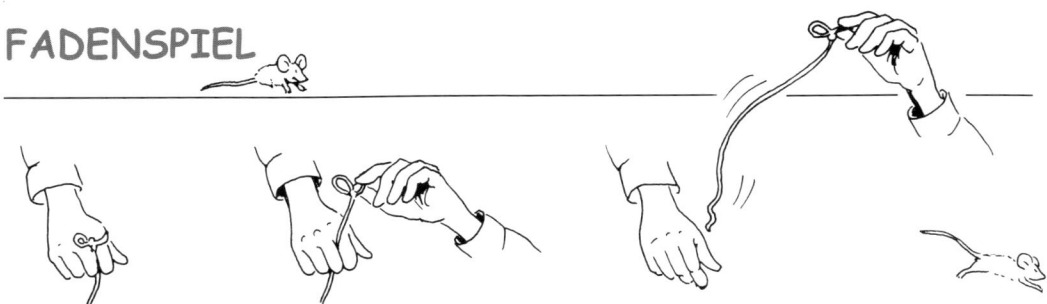

Wir nehmen einen etwa 70 cm langen,
dicken Wollfaden. Der Faden wird in die
Faust genommen. Der Knoten schaut als
»Mäuschen« zwischen zwei Fingern heraus. Dann kann das Spiel beginnen. Der
Faden wird langsam durch die Finger gezogen.

Bei »Ich fang dich doch!« wird der Faden blitzschnell herausgezogen.
Der Katzensprung gefällt den Kindern
besonders. Das Spiel kann beliebig oft
wiederholt werden. Das kluge Mäuschen
schaut dabei jedes Mal aus einem anderen Loch, also zwischen zwei anderen
Fingern, heraus.

KLATSCHVERSE

Sprechen, patschen, klatschen macht Kindern immer wieder Spaß. Hier sind zwei lustige Verse, die sich gut zum Klatschen eignen.

Patschen, klatschen, rechts,
patschen, klatschen, links,
patschen, klatschen, rechte, linke,
patschen, klatschen, stopp.

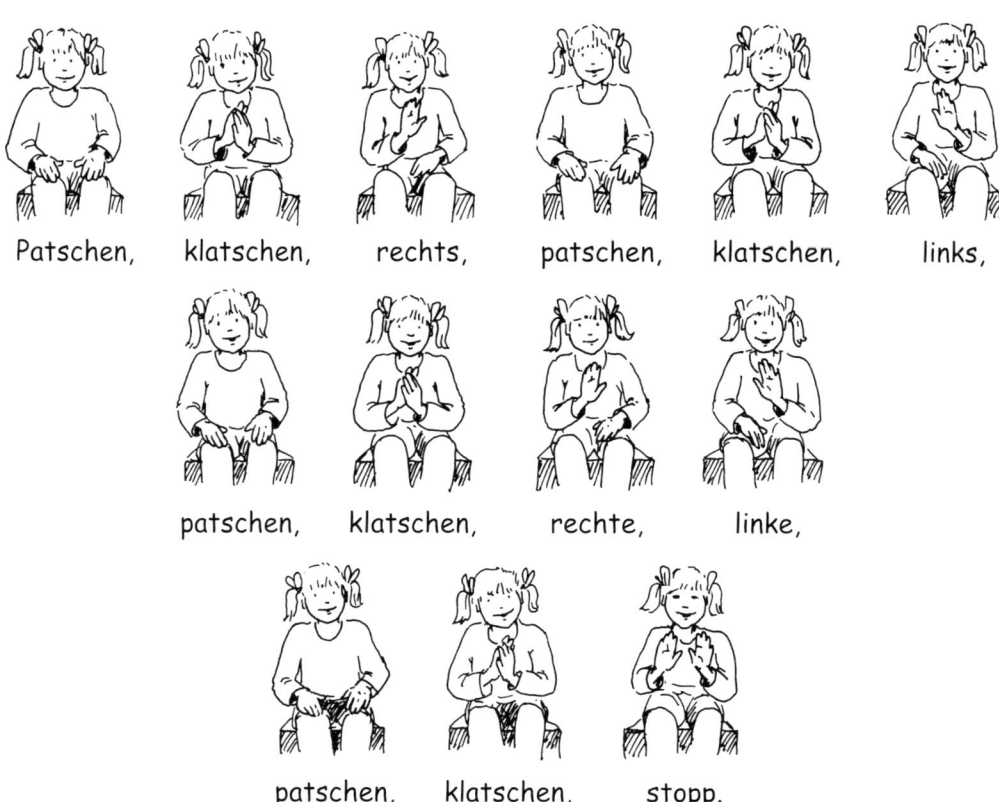

Patschen, klatschen, rechts, patschen, klatschen, links,

patschen, klatschen, rechte, linke,

patschen, klatschen, stopp.

Beim Müller hat's gebrannt – brannt – brannt.
Da bin ich schnell gerannt – rannt – rannt.
Da kam ein Polizist – zist – zist,
der schrieb mich auf die List – List – List.
Die List fiel in den Dreck – Dreck – Dreck,
da war mein Name weg – weg – weg.

Beim	Mül-	ler	hat's	ge-	brannt	– brannt	brannt.
Da	bin	ich	schnell	ge-	rannt	– rannt	– rannt.
Da	kam	ein	Po-	li-	zist	– zist,	– zist,
der	schrieb	mich	auf	die	List,	– List,	– List.
Die	List	fiel	in	den	Dreck,	– Dreck,	– Dreck,
da	war	mein	Na-	me	weg,	– weg,	– weg.

FINGERABDRUCK

Wir schwärzen den Zeigefinger auf dem
Stempelkissen und drücken ihn sorgfältig
flach auf das Papier. Je nach Vers verwan-
deln wir den Abdruck mit einem Filzstift
in ein Männchen, ein Kännchen, einen
Hahn und Hühner, in Bienen, Blumen
oder Mäuschen.

Ich bin Peter,
du bist Paul,
ich bin fleißig,
du bist faul!

Hänsel und Gretel,
zwei lustige Leut,
der Hänsel ist närrisch,
die Gretel nicht g'scheit!

Miesemause, miese,
wovon bist du so griese?
Ich bin so griese,
ich bin so grau,
ich bin das Mäuschen
Griesegrau.

Wer nennt mir einen stolzen Mann,
der allen Hennen geht voran?
(der Hahn)

Ein Huhn, das fraß,
man glaubt es kaum,
ein Blatt von einem Gummibaum.
Dann ging es in den Hühnerstall
und legte einen Gummiball.

Es war einmal ein Männchen,
das kroch in ein Kännchen,
dann kroch es wieder raus,
und die Geschichte ist aus.

Liebe Sonne, komm heraus,
komm aus deinem Wolkenhaus!
Schick den Regen weiter,
mach den Himmel heiter!
Liebe Sonne, komm heraus,
komm aus deinem Wolkenhaus!

HANDABDRUCK

Wir tauchen die Handfläche ganz in Farbe, zum Beispiel in verdünnte Fingerfarbe. Dann drücken wir die Hand mit gespreizten Fingern sorgfältig auf ein Papier. Ein Helfer dreht das Papier für jeden neuen Handabdruck im Kreis herum. So entstehen wunderschöne Sonnen.

Ich bin ein kleiner Pumpernickel,
ich bin ein kleiner Bär.
So wie mich Gott erschaffen hat,
so zottle ich daher.

FINGERSPUREN

Wir tauchen den Zeige- und Mittelfinger
in Fingerfarbe und »gehen« zum Vers über
das Papier. Der Bär hinterlässt tap-
pige Spuren. Hübsch wird das Spu-
renbild, wenn jeder »Bär«, der mit-
macht, eine andere Farbe an den
Fingerspitzen hat.

Ich lasse dich grüßen,
vom Kopf bis zu den Füßen.

FAUSTABDRUCK

Die untere Faustseite, beim kleinen Finger,
in Farbe tauchen. Beide Fäuste abwechslungs-
weise auf dem Papier sanft abrollen. Die
Zehen tupfen wir mit dem Zeigefinger auf.

Punkt, Punkt, Komma, Strich,
fertig ist das Angesicht,
Haare kommen oben dran,
Ohren, dass er hören kann,
Hals und Bauch
hat er auch,
hier die Arme, dort die Beine,
fix und fertig ist der Kleine.

1 Punkt, Punkt, Komma, Strich,
fertig ist das Angesicht,

2 Haare kommen oben dran,
Ohren, dass er hören kann,

3 Hals und Bauch
hat er auch,

4 hier die Arme, dort die Beine,
fix und fertig ist der Kleine.

Der Mond ist
rund, rund, rund.
Er hat zwei Augen,
Nas und Mund.

MALSPIEL

Schulreife Kinder freuen sich an Malversen. Am besten ist es, wenn sie mit Kreide oder dickem Filzstift in großen Schwüngen auf Packpapier oder große Zeichenblätter malen können.

Das Mondgesicht sieht besonders lustig aus, wenn es mehrere Male mit verschiedenen Farben aufeinander gemalt wird. Zeichenverse kann man auch mit dem Finger in den Sand ritzen oder auf mit Feuchtigkeit beschlagene Fensterscheiben malen.

Punkt, Punkt, Komma, Strich,
fertig ist das Angesicht,
Ohrenläppchen, Ohrenläppchen
und dazu ein Zipfelkäppchen.
Käse, Käse,
runde Butter,
fertig ist die
Schwiegermutter.

Punkt, Punkt, Komma, Strich,
fertig ist das Angesicht,
und zwei spitze Ohren,
so wird sie geboren.
Ritze, ratze, ritze, ratze,
fertig ist die Miezekatze.

Das ist das Haus
vom Nikolaus!

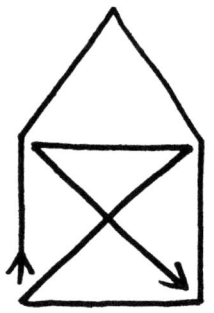 

MALSPIEL

Zu jeder Silbe des Verses wird ein Strich gezogen. Anhalten ist erlaubt. Der Strich darf jedoch weder unterbrochen, noch doppelt gezeichnet werden, bis das Haus fertig ist. Wer kann die beiden Beispiele fehlerlos nachzeichnen? Wer findet weitere Lösungen?

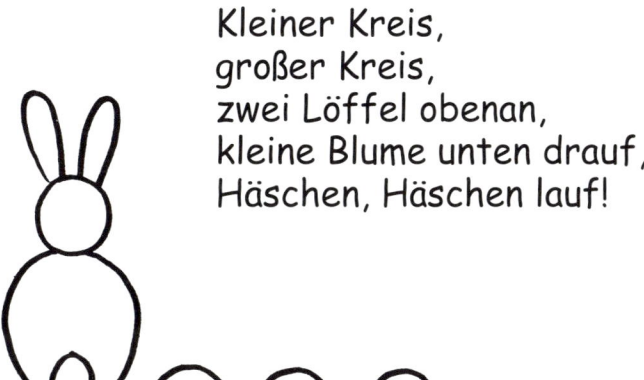

Kleiner Kreis,
großer Kreis,
zwei Löffel obenan,
kleine Blume unten drauf,
Häschen, Häschen lauf!

Eins, zwei, drei,
picka, pocka, pei,
picka, pocka, begelein,
vierzehn Striche müssen's sein!

MALSPIEL

Bei diesem Vers wird zu jeder Silbe ein
Strich gemalt. Wenn man das schön
rhythmisch zeichnet, wie viele Striche
kommen dann zum Schluss heraus?
Wer macht mit?

Mein Ball ist kugelrund,
er kugelt und rugelt,
er rollt und rollt,
von mir zu dir,
von dir zu mir.
Mein Ball ist kugelrund,
er kugelt und rugelt,
er rollt und rollt.
Juchhe!

BALL-ROLLEN

Zwei Kinder oder ein Kind und ein Erwachsener sitzen mit gespreizten Beinen auf dem Boden und rollen sich gegenseitig im Versrhythmus den Ball zu.

Lieber Ball,
sag mir doch,
wie viel Jahre
leb ich noch?
Eins, zwei, drei, vier ...

BALL-ORAKEL

Wer möchte wissen, wie alt er einmal wird? Der kann sein Ball-Orakel fragen. Der Ball wird zu Boden geworfen, dann versucht man, ihn beim Zurückprellen wieder aufzufangen. Dazu wird der Vers aufgesagt.

Dann aber geht das Zählen los: »Eins, zwei, drei ...« Wie oft kann man den Ball prellen? Wer wird ein Jahr alt, wer wird neunundneunzig Jahre?
Übung macht den Meister. Große Meister prellen den Ball auch an die Wand!

Auf einem Gummi – Gummi – Berg,
da wohnt ein Gummi – Gummi – Zwerg.
Der Gummi – Gummi – Zwerg
hat eine Gummi – Gummi – Frau.
Die Gummi – Gummi – Frau
hat ein Gummi – Gummi – Kind.
Das Gummi – Gummi – Kind
hat ein Gummi – Gummi – Kleid.
Das Gummi – Gummi – Kleid
hat ein Gummi – Gummi – Loch.
Gummi – Gummi – Preller,
prellst du noch?

PRELLBALL

Wer schafft es, den Vers zu sprechen und dabei den Ball fortwährend, bis zum Schluss, mit der flachen Hand auf den Boden zu prellen? Gratuliere!
Er ist soeben Gummi – Gummi – Zwerg – Preller – König geworden!

Mein Ball zeigt, was er kann:
hüpft hoch wie ein Mann,
dann hoch wie eine Kuh,
dann hoch wie ein Kalb,
dann hoch wie eine Maus,
dann hoch wie eine Laus,
dann ruht er sich aus.

BALLSPIEL

Beim Sprechen dieses bildhaften Kinder-
reims versuchen wir durch dosiertes
Prellen den Ball in die gewünschte Höhe springen zu lassen: so hoch wie ein
Mann, eine Kuh, ein Kalb, eine Katze
oder eine kleine Maus!

Teddybär, Teddybär, spring ins Seil!
Teddybär, Teddybär, heb ein Bein!
Teddybär, Teddybär, mach dich krumm!
Teddybär, Teddybär, dreh dich um!
Teddybär, Teddybär, wie alt bist du?
Eins, zwei, drei, vier, ...

SEILSPRINGEN

Zwei Kinder halten die Enden eines langen, starken Seils und schwingen es im Kreis herum. Ein drittes Kind versucht nun, in den schwingenden Seilbogen hineinzuspringen. Das geht am besten, wenn das Seil gerade den Boden berührt. Das Kind hüpft mehrmals auf der Stelle und spricht dazu den Vers. Während des Hüpfens werden gleichzeitig alle Bewegungen des Verses nachgeahmt. Am Schluss wird das Alter des Seilspringers ausgezählt. Auf jede Zahl kommt ein Sprung.

Marianne,
gold'ne Kanne,
gold'ner Schuh,
wie alt bist du?
Eins, zwei, drei, vier, ...

SEILSPRINGEN

Es können drei bis sechs Kinder mitmachen. Zwei schwingen das Seil. Die anderen Kinder springen ins Seil und hüpfen zum Vers. Auf die Frage: »Wie alt bist du?« wird das richtige Alter hüpfend ausgezählt.

Der Kaiser aus Rom,
der hatte einen Sohn.
Der Sohn war zu klein,
um Kaiser zu sein.
Drum blieb er stehn.

SEILSPRINGEN

Zwei Kinder schwingen das Seil. Ein Kind hüpft so lange über das Seil, wie die beiden anderen den Vers sprechen. Am Ende des Verses muss der Seilspringer oder die Seilspringerin die Beine spreizen und das Seil genau zwischen den Beinen einfangen. Dann wird gewechselt.

SPIEL MIT DEN FÜSSEN

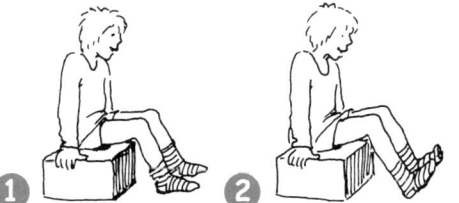

① **②** Guten Morgen, ihr lieben Beine.
Füße nach vorn strecken und anschauen.

Wie heißt ihr denn?
Füße zurückziehen und anschauen.

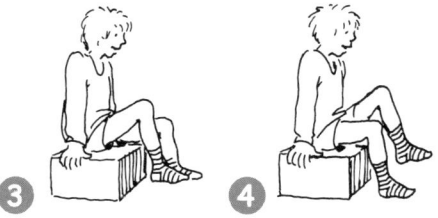

③ **④** Ich heiße Strampel!
Rechtes Bein heben und stampfen.

Ich heiße Hampel!
Linkes Bein heben und stampfen.

⑤ **⑥** Ich bin das Füßchen Tu-nicht-gut!
Rechtes Bein heben und mit dem Fuß kreisen.

Ich bin das Füßchen Übermut!
Linkes Bein heben und mit dem Fuß kreisen.

⑦ **⑧** Tu-nicht-gut und Übermut
gehen auf die Reise.
Gehen am Ort.

Sie stampfen durch die Sümpfe,
Mit beiden Füßen kräftig stampfen.

⑨ nass sind ihre Strümpfe.
Auf Zehenspitzen gehen.

⑩ Kommt die Mutter aus dem Haus,
klopft die beiden tüchtig aus!
Spaßeshalber auf die Füße klopfen.

Guten Morgen, ihr lieben Beine.
Wie heißt ihr denn?
Ich heiße Strampel!
Ich heiße Hampel!
Ich bin das Füßchen Tu-nicht-gut!
Ich bin das Füßchen Übermut!
Tu-nicht-gut und Übermut
gehen auf die Reise.
Sie stampfen durch die Sümpfe,
nass sind ihre Strümpfe.
Kommt die Mutter aus dem Haus,
klopft die beiden tüchtig aus!

Seht den alten Hampelmann,
wie der hampeln, strampeln kann.
Alle Damen, alle Herr'n,
alle hampeln, strampeln gern.
Und der Leierkastenmann
legt 'ne neue Walze an:
Seht den alten Hampelmann ... usw.

BEWEGUNGSSPIEL

Die Kinder hüpfen zum Vers die Bewegungen des Hampelmannes. Je nach Tempo der »Walze« hampeln sie, es geht mal schnell, mal langsam. Manchmal bleibt der Leierkasten auch stehen. Dann zittern die Arme und Beine ein wenig, und der Hampelmann fällt um. Der Vers kann unendlich oft wiederholt werden.

Ri, ra, rutsch,
wir fahren mit der Kutsch.
Wir fahren mit der Chaise
zu der Tante Rese.
Tante Rese ist nicht da,
fahren wir zu Opapa.
Opapa ist auch nicht da.
Kehr'n wir wieder um,
ri, ra, rum!

MARSCHSPIEL

Immer zwei Kinder stehen sich gegenüber
und halten sich übers Kreuz an den Händen.
Sie marschieren im Takt vorwärts. Bei den
Worten »ri, ra, rum« drehen sich die Kinder
um; das heißt, sie wenden, ohne die Hände
loszulassen. Sie gehen wieder zurück und sagen den Vers ein zweites Mal. Das Spiel
kann endlos weitergehen.

Auf einer grünen Wiese,
meck, meck, meck,
da stand ein Herr mit Namen Speck.
Der rief: Donnerwetter,
Herr Professor,
stillgestanden, stumm!
Und wer noch wackelt,
der dreht sich um!

KREISSPIEL

Auf einer grünen Wiese,
meck, meck, meck,
Die Kinder gehen im Kreis.

da stand ein Herr mit Namen Speck.
Alle bleiben stehen und drehen sich zur Mitte.

Der rief: Donnerwetter,
Herr Professor,
stillgestanden, stumm!
Alle brüllen jetzt so laut und so schnell wie
möglich, dazu stampfen sie wild auf den Boden.

Und wer noch wackelt,
der dreht sich um!
Alle Kinder bleiben unbeweglich stehen.
Wer gewackelt hat, muss sich mit dem Rücken
zur Kreismitte drehen. Er darf trotzdem wei-
terspielen. Das Spiel dauert so lange, bis sich
alle umgedreht haben.

Ringe, ringe, reuer,
Süppchen steht am Feuer,
Süppchen kocht schon über,
sitzen alle nieder.
Kommt die alte Fledermaus,
stehn wir alle wieder auf.
Kommt der alte Widder,
stößt uns alle nieder.

KREISSPIEL

Vor Spielbeginn werden eine »Fledermaus« und ein »Widder« bestimmt. Die Kinder gehen singend im Kreis herum. Auf »sitzen alle nieder« setzen sie sich auf den Boden. Jetzt »fliegt« die Fledermaus rundum und macht den Kleinen spaßeshalber Angst. Sie stehen schnell wieder auf. Jetzt naht neues Unheil. Der »Widder« markiert mit beiden Zeigefingern am Kopf seine Hörner. Wen er am Rücken berührt, muss umfallen und liegen bleiben. Der letzte »Lebende« darf das Spiel neu organisieren.